www.jandorfverlag.de

1

2

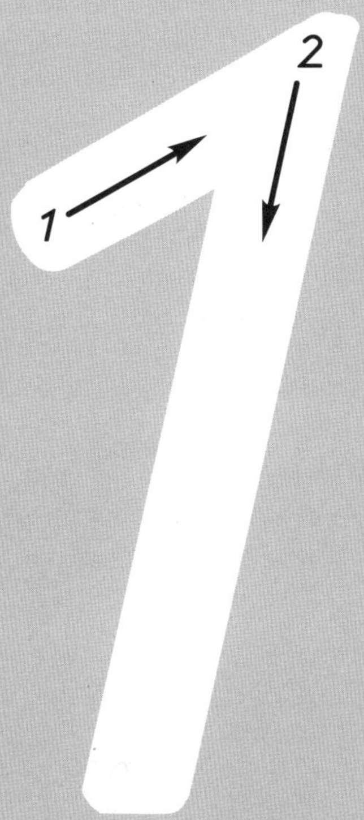
2
1

1
2

1
2
3

3

3 3 3

3 3

3

3 3 3

3 3

3

3 3

3

1 2 3 1 2 3 1 2 3

1 2 3 1 2 3 1 2 3

3 3 3

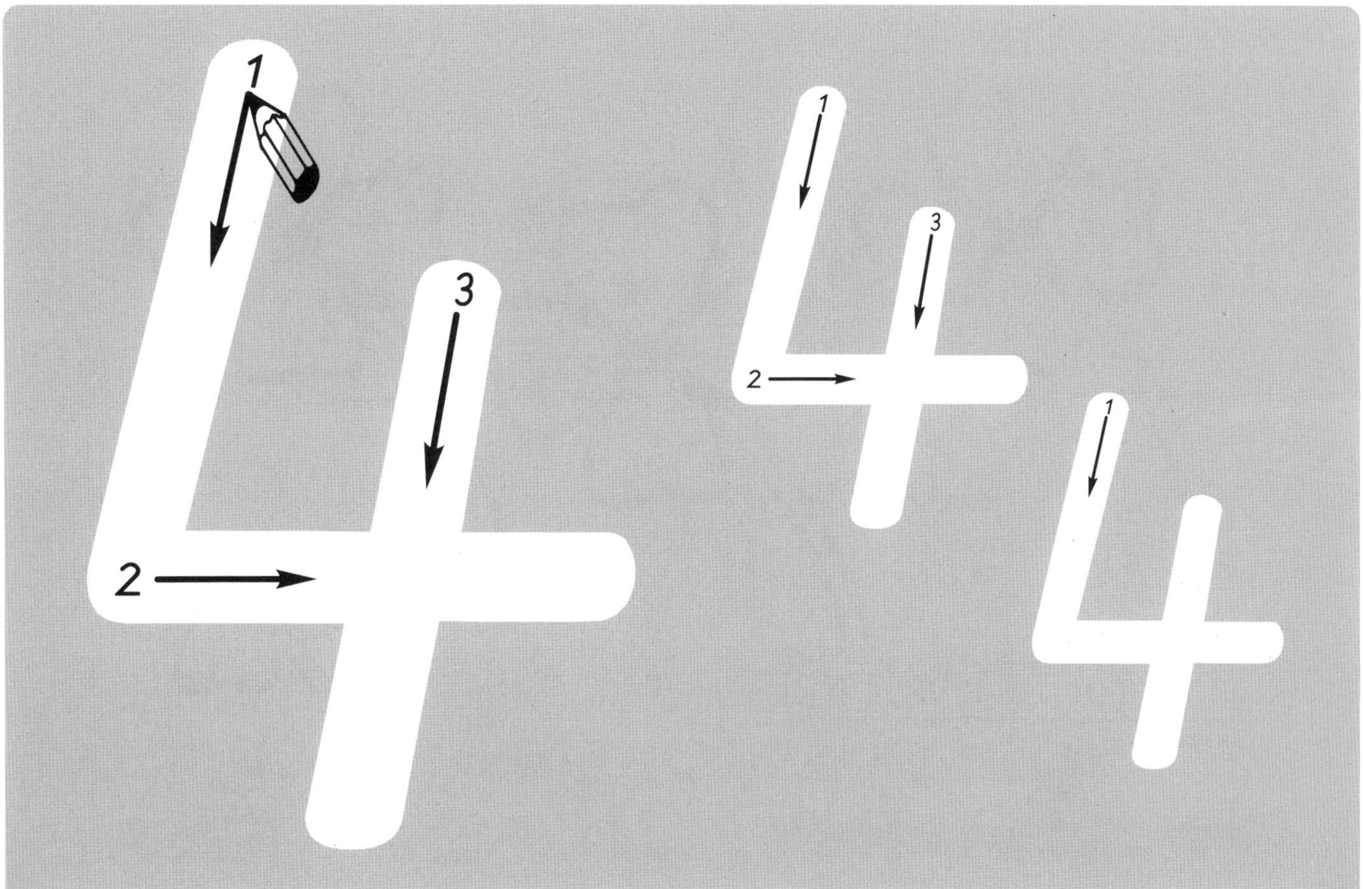
1
2
3

4

4 4 4 4

4 4

4

4 4 4 4

4 4

4

4 4 4

3 4 3 4 3 4

3 4 3 4 3 4

4 4 4

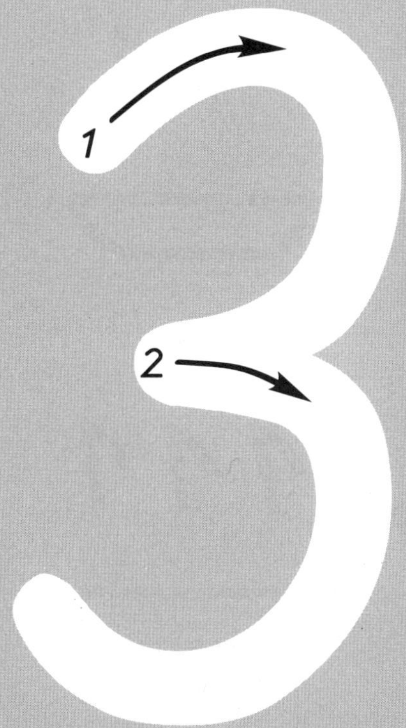
1
2

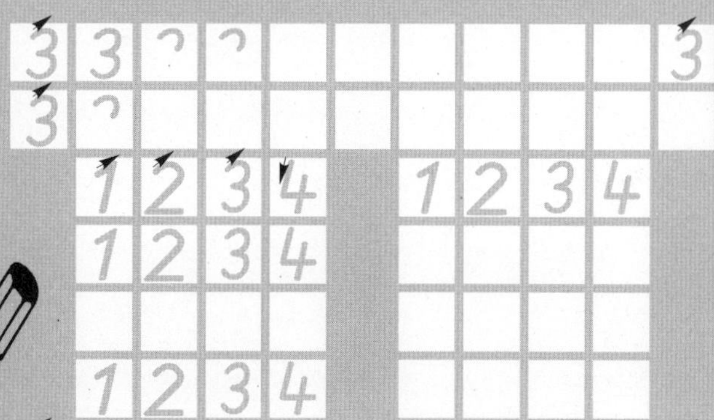

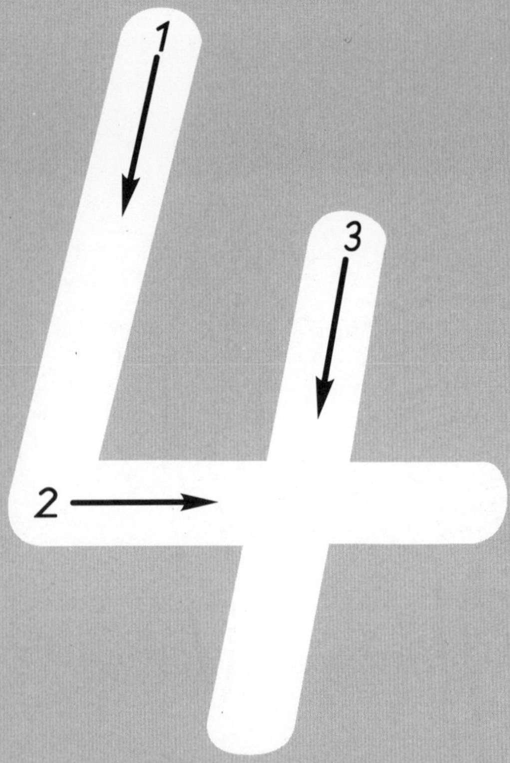
1
2
3

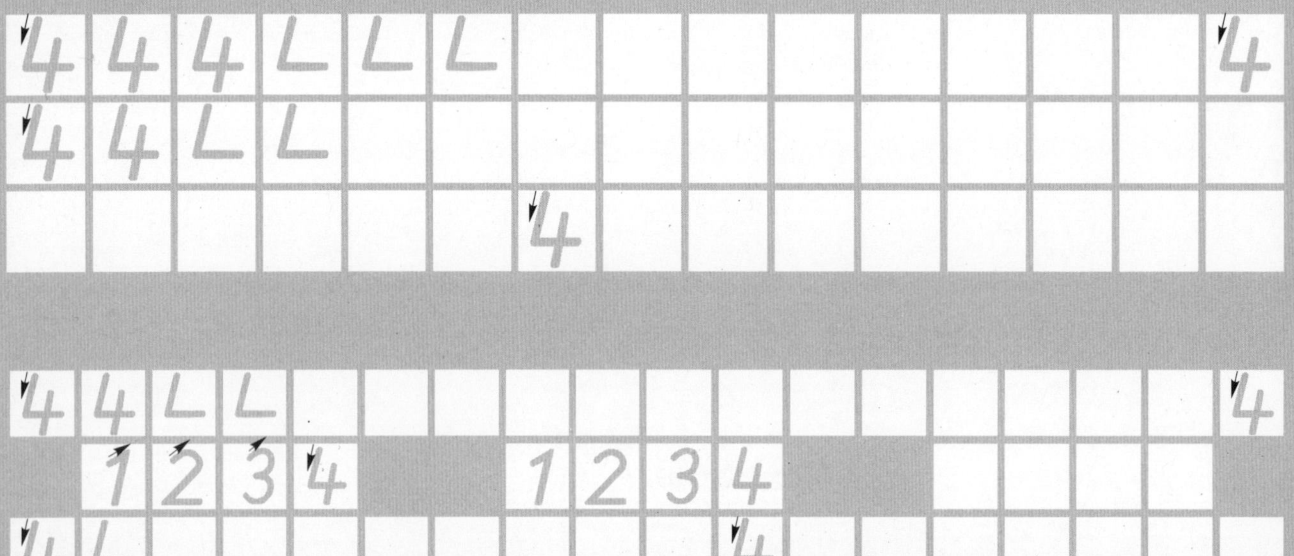

1
3
2

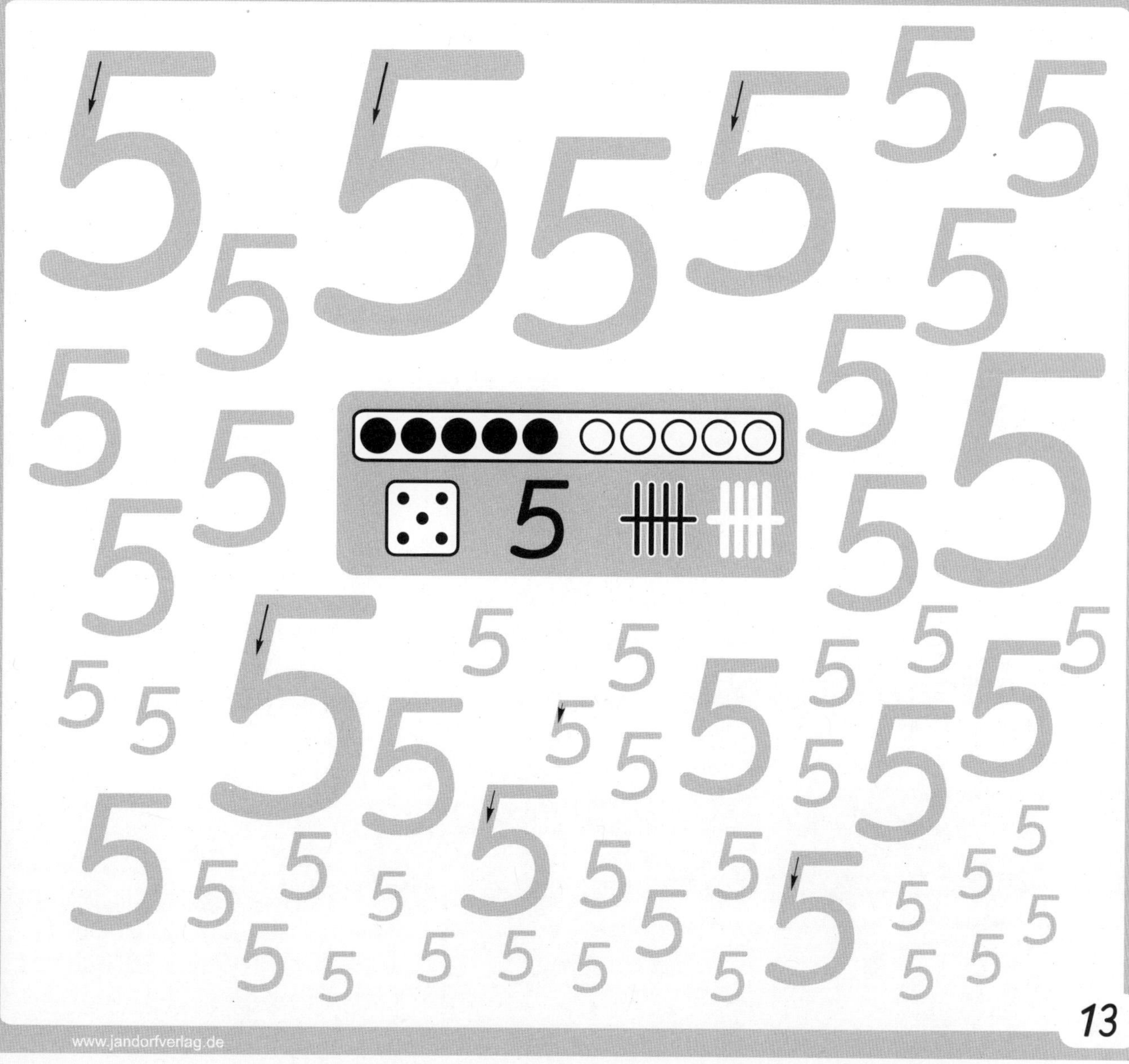
5

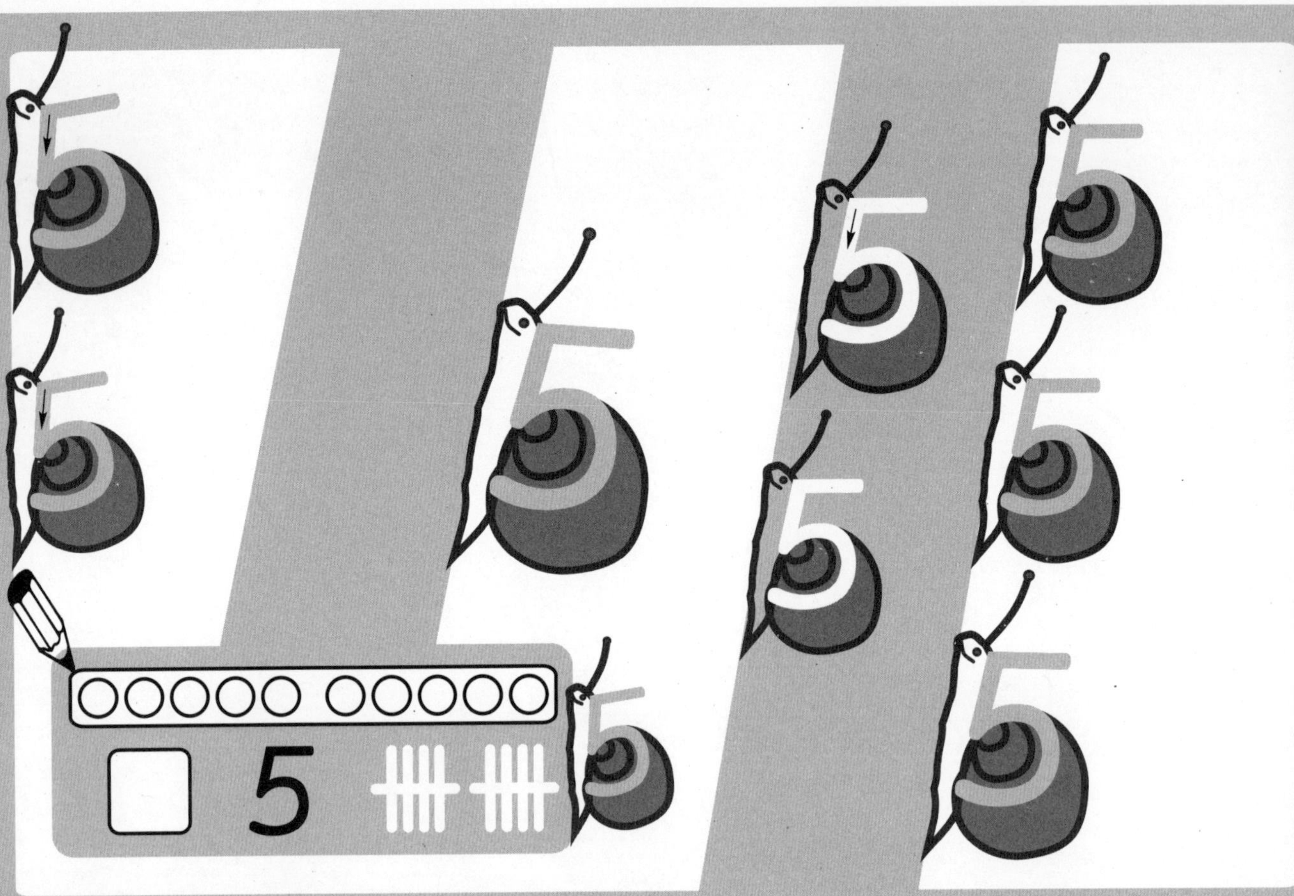

5 5 5 5 5 5 5

5 5 5 5

5

5 5 5 5 5 5 5

5 5 5 5

5

5 5 5 5 5

3 4 5 3 4 5

3 4 5 3 4 5 3 4 5

5 5 5 5 5

6

6

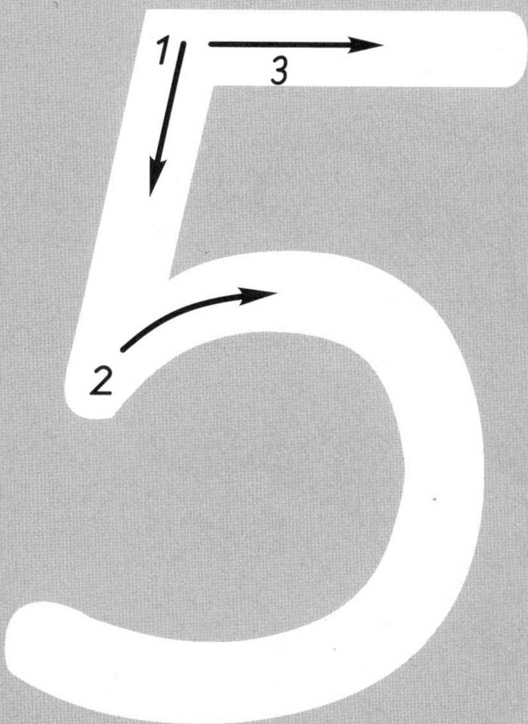
1
2
3

5
5 EURO
5
5 EURO

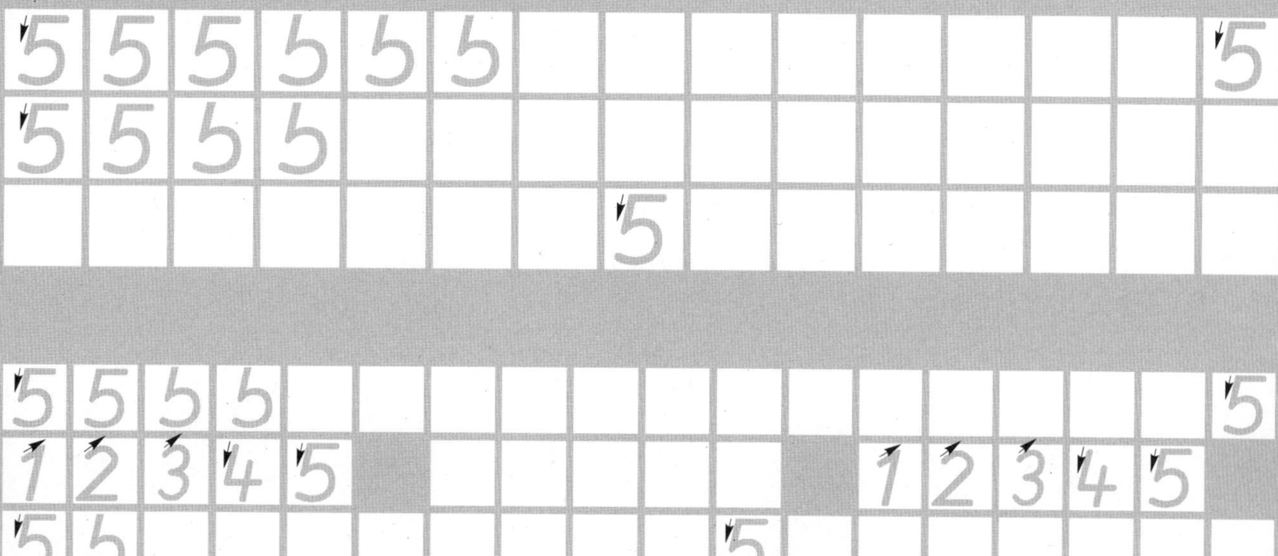

6	6	6												6
6	6													
						6								

1	2	3	4	5	6	1	2					1	2	3	4	5	6
1	2	3	4	5	6												
6	6																6

1	2	3	4	5	6
1	2	3	4	5	6
6	6				
6					
1	2	3	4	5	6

1	2	3	4	5	6
					6
1	2	3	4	5	6

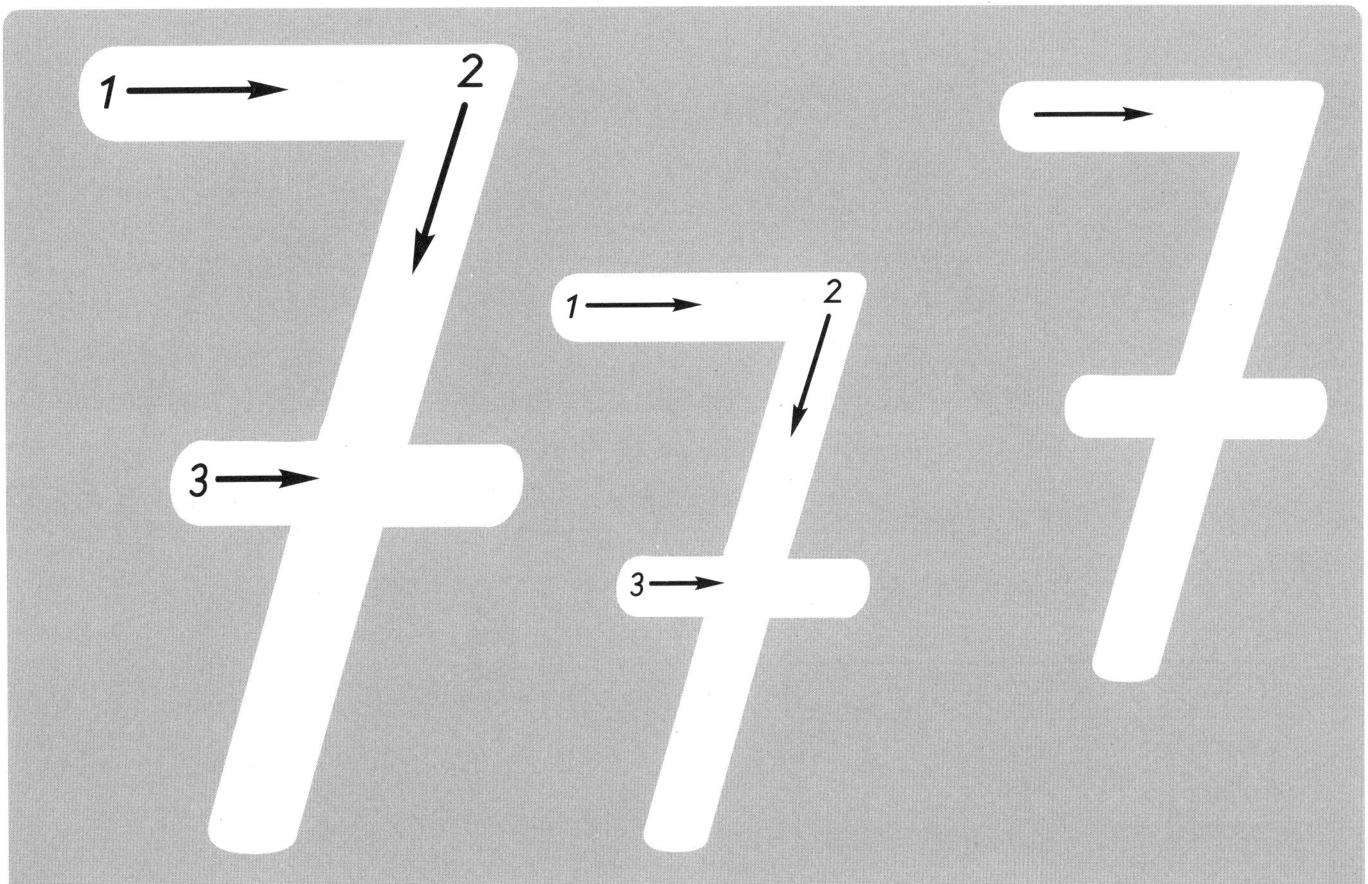
1
2
3
1
2
3

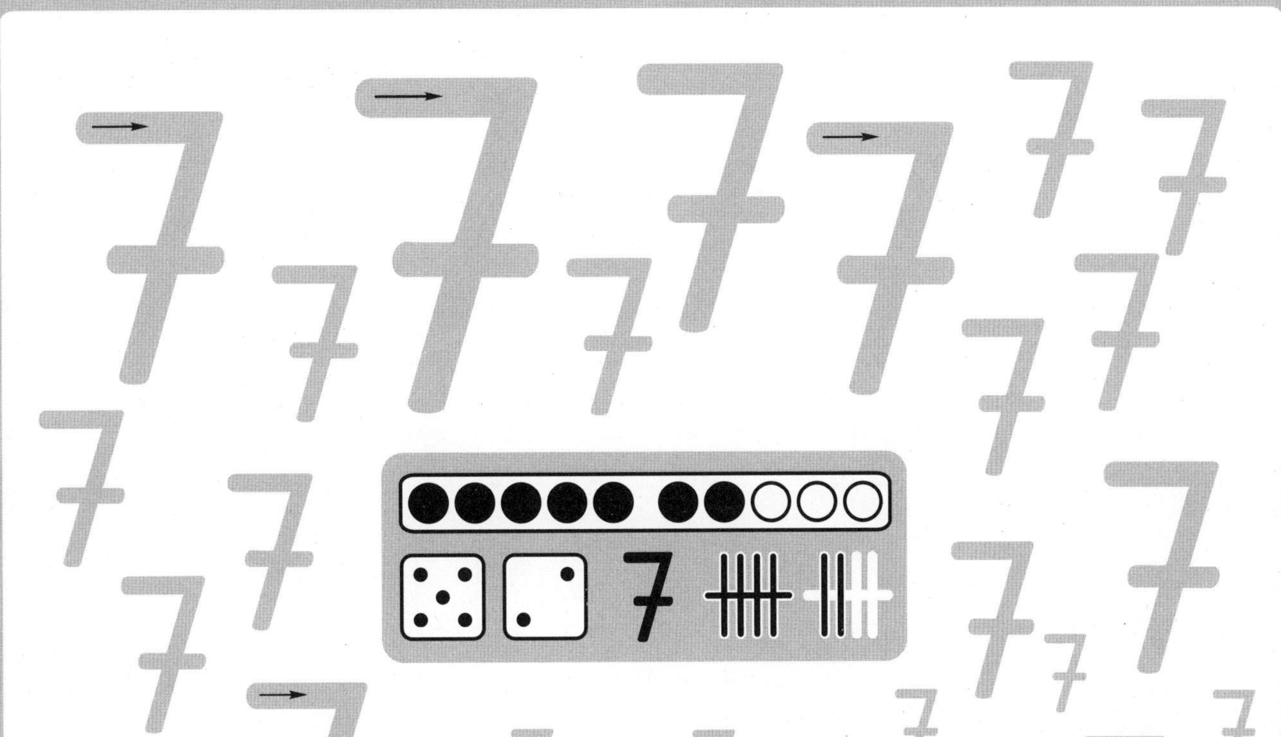
7

7

7 7 7

7 7

7

7 7 7

7 7

7

7 7

5 6 7 5 6 7 5 6 7

5 6 7 5 6 7 5 6 7

7 7 7

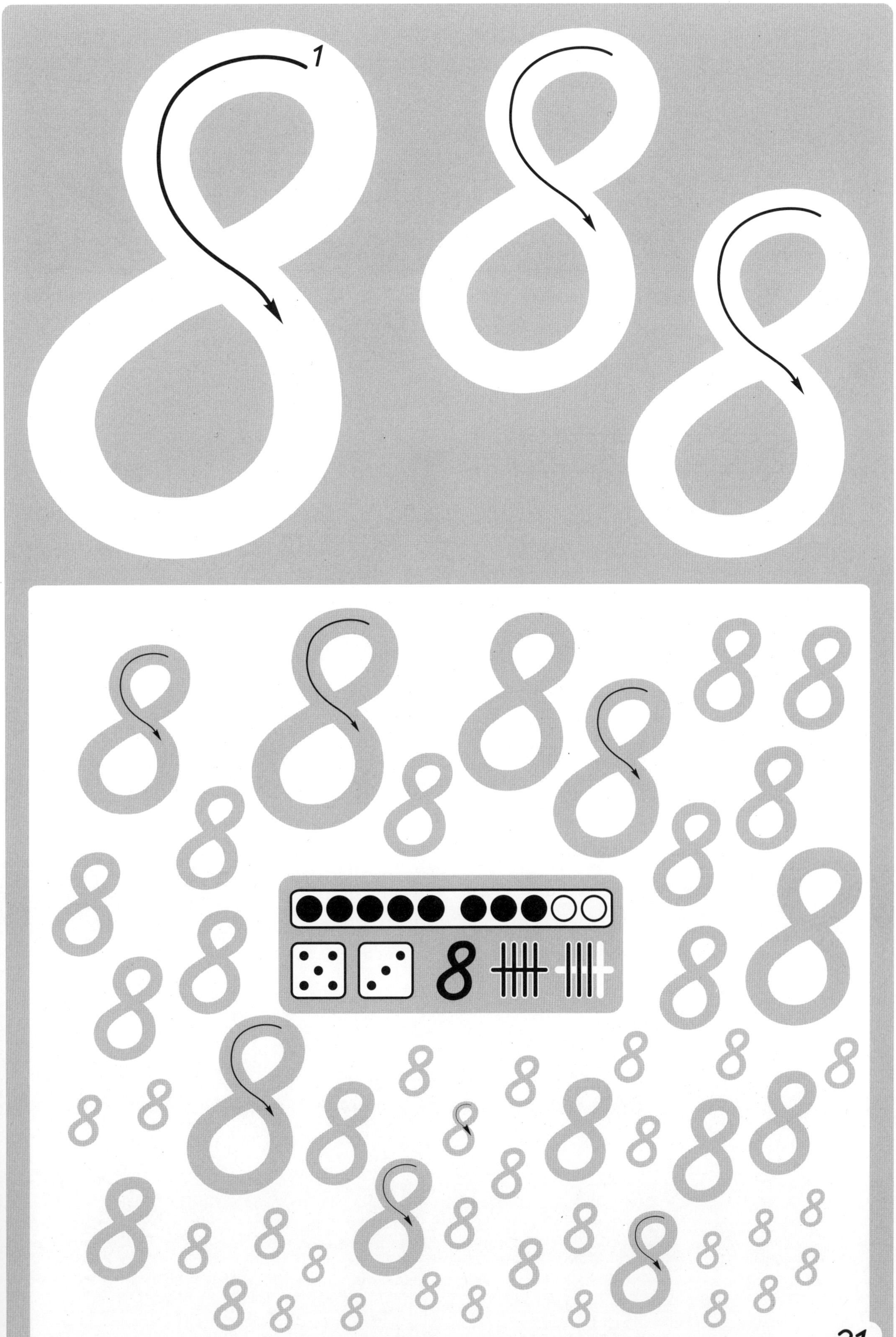
1
8

8 8 8 8

8 8

8

8 8 8

8 8

8

8 8 8

7 8 7 8 7 8

7 8 7 8 7 8

8 8 8

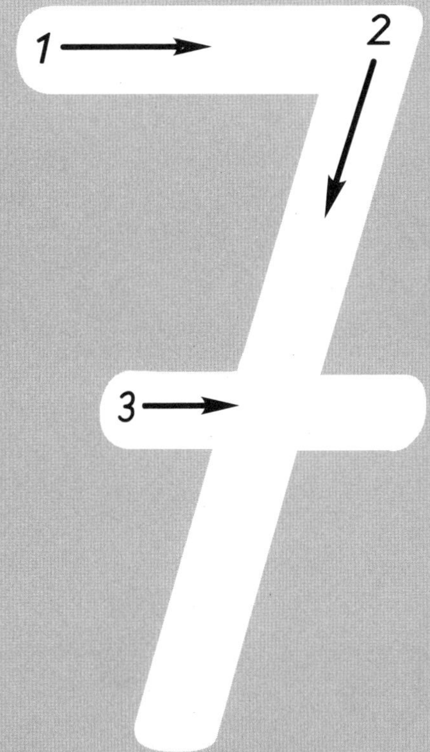
1
2
3

1 2 3 4 5 6 7 8

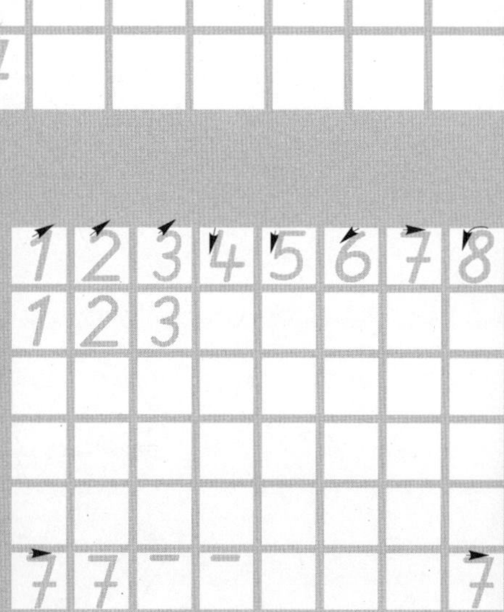
1 2 3 4 5 6 7 8
1 2 3

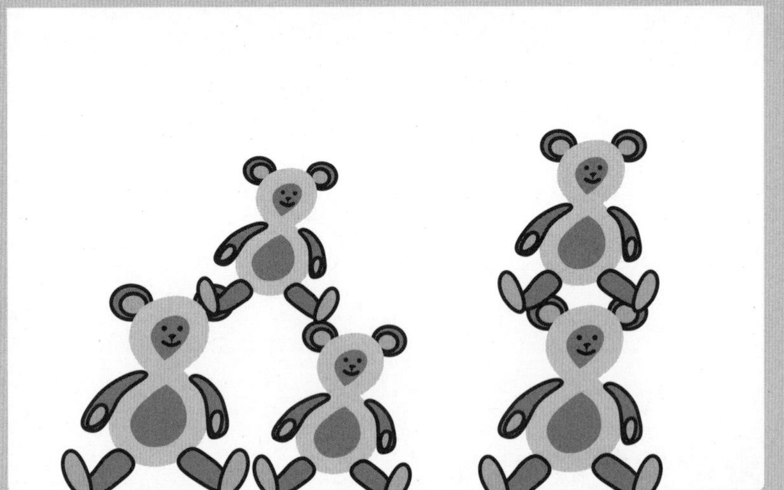

1
2
9

9

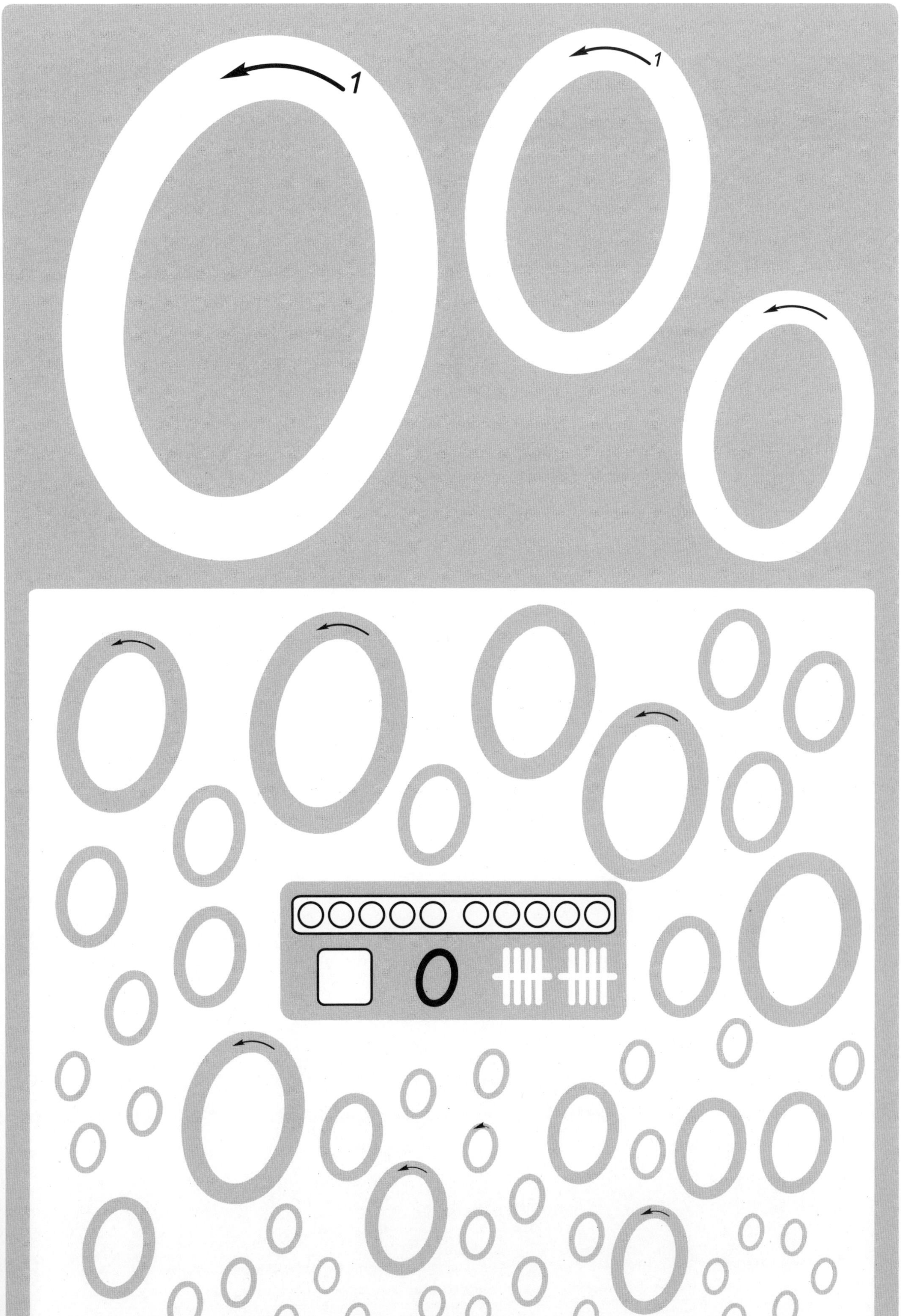
1
1

0

9	9	9												9
9	9													
							9							

1	2	3	4	5	6	7	8	9									
1	2	3															
9	9																9

0	1	2	3	4	5	6	7	8	9
0	1	2							
9	9								9
9									

1

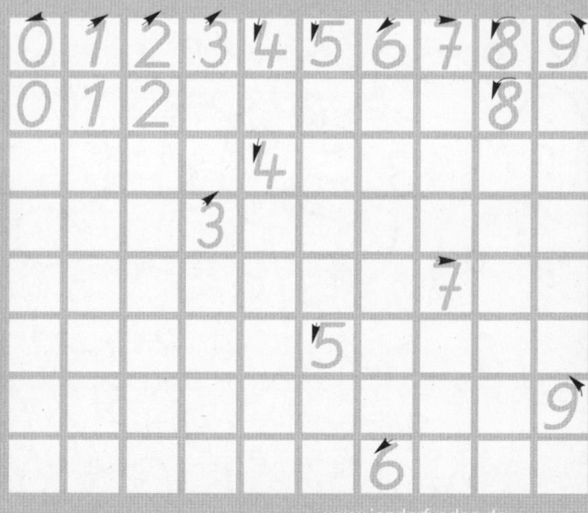
0 1 2 3 4 5 6 7 8 9

1

2

3

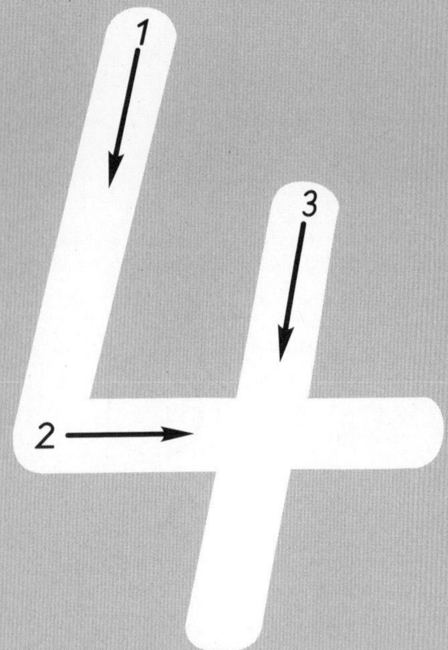
1
2
3

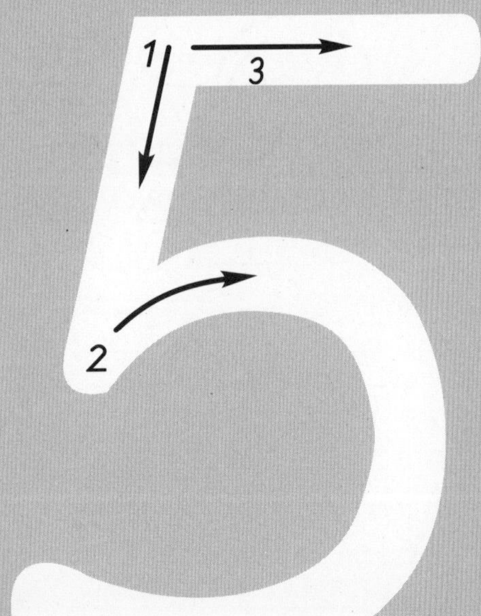
1
2
3

1

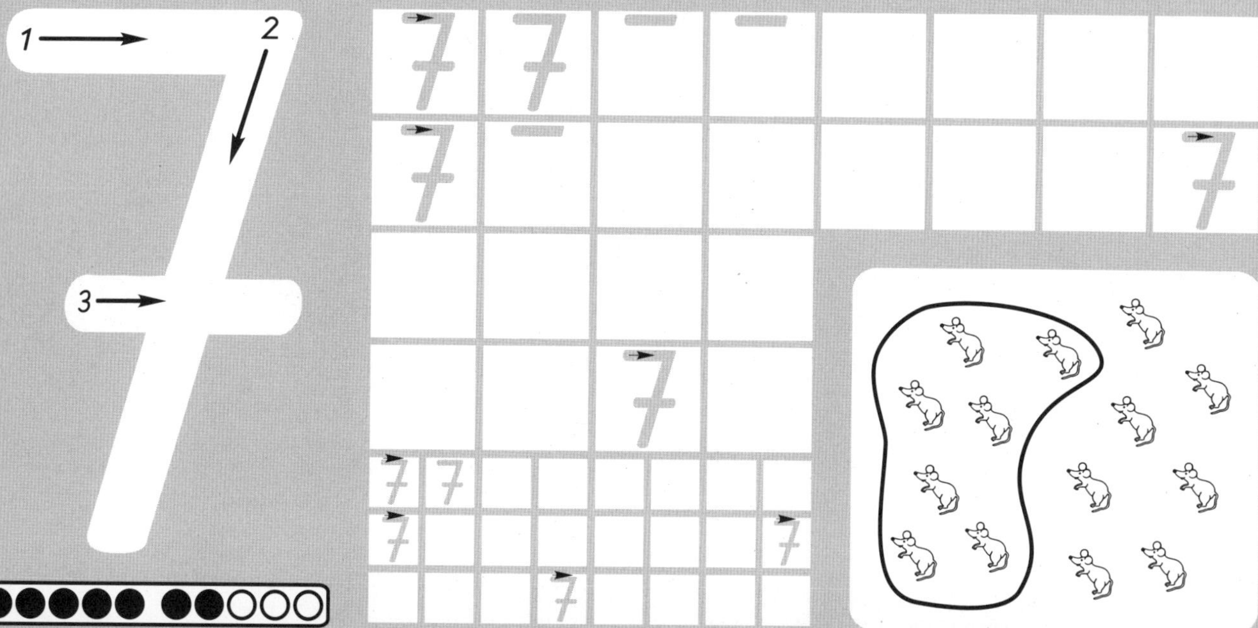
1
2
3

1

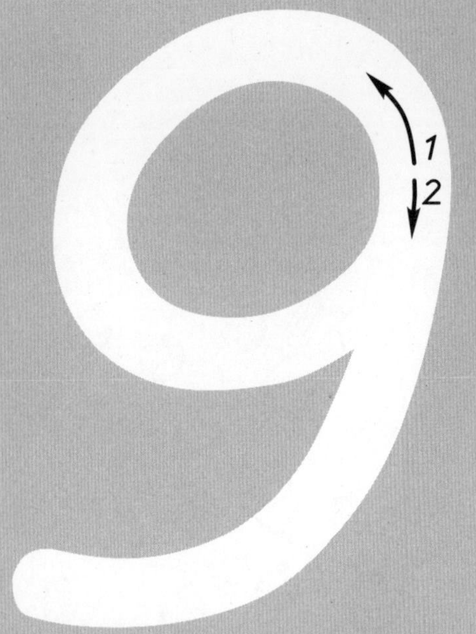

9 9 9

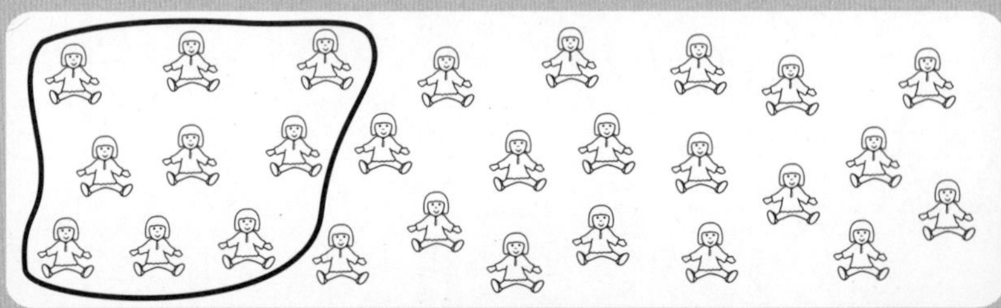

0 0 0